Témoignage de **Siaka Traoré**

Chacool numéro 1 de Bamako

danseur malien

récit recueilli par Brigitte Debout

© 2021, Siaka Traoré
Édition : BoD – Books on Demand,
12/14 rond-point des Champs-Élysées, 75008 Paris
Impression : BoD - Books on Demand,
Norderstedt, Allemagne
ISBN : 9782322381388
Dépôt légal : Août 2021

Préface

La première fois que j'ai rencontré Chacool, c'était un matin, en avril 2010, sur la magnifique terrasse d'une maison de Diji Koroni à Bamako où nous logions, au cours d'une séance de danse. Tous les matins nous nous y retrouvions pour suivre des cours présentés par des danseurs différents. Le soir nous allions danser près du Niger.

Nous étions un groupe de stagiaires partis pour deux semaines de stage intensif organisé par Papson Sylla, danseur ivoirien domicilié à Paris et qui donnait des cours de danse africaine au centre Momboye.

Chacool était de visite, c'était la fin du stage, le dernier jour plus précisément. Il était adossé contre un mur aux côtés de Papson Sylla et discutait avec lui, très discret, souriant. Il n'est pas resté longtemps.

Le lendemain, nous nous sommes retrouvés pour un dernier après-midi festif. Les musiciens et tous les danseurs étaient là pour fêter le départ. Nous étions dans le salon, assis en cercle, et chacun passait faire une prestation. Chacool, qui était là, s'est joint à eux.

C'est alors que nous avons appris l'incroyable nouvelle que nous ne pouvions partir à cause de l'éruption du volcan Eyjafjöll en Islande. C'était la première fois qu'un tel fait se produisait. Sur la terre entière, aucun avion ne pouvait décoller du fait d'émissions importantes de gaz. Nous devions rester à Bamako jusqu'à nouvel ordre, sans savoir précisément combien de temps nous serions bloqués.

Comme nous étions assis côte à côte, nous nous sommes mis à discuter. Je venais de le voir danser et j'avais été frappée par son style très particulier, élégant et rapide.

Il m'expliqua alors qui il était et me parla de ses occupations. Il s'appelait Siaka Traoré mais il était connu sous le nom de Chacool n°1 de Bamako. Il était danseur, chorégraphe et chargé culturel de l'association BMK, association qui s'occupait d'animations culturelles et sportives pour les enfants défavorisés d'un quartier de Bamako. Il intervenait également dans plusieurs écoles et et il préparait à ce moment même des groupes pour une biennale. Apprenant que j'étais enseignante moi-même, et bloquée pour un moment à Bamako, il me proposa de l'accompagner pour voir ses activités. Et j'ai donc eu la chance de pouvoir assister pendant deux jours aux répétitions de ses groupes, dans des conditions extrêmement étranges pour moi, occidentale, habituée aux salles, aux horaires… Là, les répétitions se déroulaient dans des lieux incroyables, et à des horaires improbables… J'ai souvenir notamment d'une répétition dans une salle d'école excentrée, au cœur d'un quartier, en pleine nuit. Dans cette salle sans toit, éclairée d'une seule ampoule, était réuni presque tout le quartier. Les mères avec leurs bébés, les enfants, les danseurs. Tout le monde circulait, s'interpellait. Chacool est arrivé et aussitôt, en quelques phrases exprimées sans hausser la voix, il a obtenu le silence et l'attention de tous, et très vite, ils ont pu démarrer la séance.

C'est d'ailleurs son calme qui me frappa à ce moment-là et ensuite, sa popularité tranquille. Partout où nous passions en moto, on entendait des voix d'enfants l'interpeller :

« Chacool ! »

Il souriait, levait la main pour saluer et continuait son chemin.

Au cours des répétitions, il lui fallait très peu de temps pour obtenir l'attention et la concentration de chacun. Et le travail commençait. Il dirigeait calmement, mais fermement, et les éléments chorégraphiques se mettaient en place rapidement, mais tranquillement.

En octobre suivant, en 2010, au cours d'un second séjour, j'eus l'occasion de voir la préparation et les premiers jours de « Dense, l'Afrique danse » qui se déroulait à Bamako. Chacool y participait au titre de danseur et d'animateur. Il me fit connaître plusieurs danseurs et musiciens et j'ai pu assister à plusieurs répétitions.

Je suis ensuite allée régulièrement à Bamako, et lui-même a effectué plusieurs séjours en France. Au cours de ces rencontres, peu à peu, il m'a raconté des bribes de sa vie, et l'idée de ce livre est née. Le récit qui va suivre reprend ses paroles et témoigne de quelques passages de sa vie.

Brigitte Debout

1

Mes premières années

Mes parents

Je suis né dans la danse, au milieu de la danse.

Ma mère était chanteuse. Elle avait elle-même hérité de la chanson de sa mère qui chantait aussi de temps en temps. Mon grand-père était le chef médecin de l'hôpital de Bamako. Il avait quatre épouses, ma grand-mère était la première. Ma mère était sa première fille. Elle n'a pas eu d'autres enfants, mais les autres femmes ont eu une quinzaine d'enfants. Ma mère était choriste dans les mariages et les baptêmes. C'était déjà difficile de faire des albums. Elle a fait beaucoup de maquettes, mais pas d'album. Là c'est la vie de ma mère. Elle chantait encore quand nous sommes nés. Quand je suis arrivé, j'aimais aller voir ma mère dans les mariages à Abidjan.

Du côté de mon père, c'était « pire ». Jeune, mon père était le meilleur danseur des danses fétiches de son village. Il était danseur à Ci.b. Il avait hérité de ses dons par mon grand-père qui était le plus grand féticheur de son village.

Un jour mon père a fui le village. Il n'est pas devenu féticheur comme c'était prévu, puisque c'était le premier fils de son père. Il est parti avec des aînés. Ils ont marché jour et nuit à travers 400 km de brousse pour arriver à la capitale. Ils étaient au nombre de quatre et ont vu toutes les horreurs de la brousse. Ils dormaient dans les arbres la nuit pour ne pas se faire attaquer par les animaux sauvages. Ils avaient tous entre huit et quinze ans. Mon père était le plus petit. Il a tenté l'aventure. Il ne voulait pas devenir féticheur. Il avait hérité, mais cela ne lui plaisait pas.

Au village, avant sa fuite, il participait toujours aux manifestations (naissances, mariages, décès). C'est la coutume du village. Il y est retourné à plus de trente ans. A la mort de son père, on est venu le chercher pour faire les funérailles. C'est son plus jeune frère qui s'est déplacé. Il avait essayé de reprendre le fétichisme, mais il n'avait pas la capacité pour ce rôle, et cela l'avait rendu un peu dérangé. Il venait à tout moment chercher mon père. Pourtant il avait du mal à s'entendre avec lui. Parfois il rentrait dans de grandes colères et il fallait le calmer…

La famille

Mes parents se sont connus au Mali. Mon père qui voyageait beaucoup pour son travail a rencontré ma mère à Sikasso. Ils ont déménagé en côte d'Ivoire pour une raison de travail. On faisait la navette entre Abidjan et Sikasso, où on allait dans la grande famille au village à côté du tombeau de Tchéba Traoré au Traoréla. Notre famille, c'est la seule famille Traoré à côté du tombeau. Une seule famille, c'est pas deux.
Mon père et ma mère ont eu plusieurs enfants. J'avais aussi une grande sœur du côté de ma mère, Aminata, que je n'ai jamais vue. Elle s'est mariée loin et a eu plus de quinze enfants. Du côté de mes parents, j'ai eu mon grand frère Siriki, qui est décédé adulte de maladie, puis ma sœur Kadidja, décédée elle aussi de maladie. J'arrive ensuite, je suis le deuxième fils de mon père, puis vient Maryam, mariée, et Awa, ma plus jeune sœur qui est partie vivre en Libye et en est revenue récemment. Le dernier enfant est mon frère Mohamed qui vit à Bamako. Il a fait du football et il chante aussi. Mes frères et sœurs ont eu plusieurs enfants dont j'ai actuellement la garde, puisque mon père et mon plus grand frère sont décédés.

Moi je suis né à Sabalibougou à Bamako, dans la grande famille du côté de ma mère. J'y ai vécu bébé, puis je suis allé à Sikasso dans la famille de ma mère.

Mon père travaillait à Abidjan, alors ma mère l'a rejoint avec nous dans le quartier de Bobo. J'y ai vécu toute mon enfance, dans une grande maison de location avec tous les enfants d'autres familles.

Mon enfance

Petit, je vivais chez mon père et ma mère. A Abidjan, il y a un quartier appelé Abobo, en face de l'école Abobo. C'était un quartier populaire. On était en location dans une cour qui était entourée de magasins, de réparateurs, de restaurants, de boutiques et de bars. Il y en avait un qui était ouvert 24 heures sur 24. J'habitais sur la place publique du quartier. Il y avait toujours du monde qui passait. Dans la famille, on était trois garçons et trois filles. J'étais le deuxième garçon de la famille.

Quand j'étais petit, j'étais gros. On m'appelait le gros même. Je voulais toujours grignoter. Et puis je bécaissais aussi. Pour dire un mot je faisais 5 à 6 secondes. Ce qui m'a guéri, c'est la musique, les chansons. Je me suis introduit dans un groupe de chanteurs. On chantait des chansons d'ambiance. Au bout de quelques années, ça s'est arrêté, mais jusqu'à aujourd'hui, grâce à ça, je n'ai plus jamais bécaissé. Dans ma famille, ma sœur qui me suivait bécaissait aussi . C'était pire que moi. Il fallait lui taper sur le front pour qu'elle puisse parler. Ca s'est arrangé un peu en grandissant mais elle n'a pas eu de chance. Elle est morte d'une longue maladie.

Pendant cette période j'ai fait mes études en côte d'Ivoire et j'allais en vacances à Sikasso.

J'ai toujours beaucoup aimé les animaux. Mon père un jour m'a acheté un petit mouton qui est devenu bélier. Il était comme mon ami et mon fils. Il me connaissait, il me comprenait. Il vivait avec mes chiens, une dizaine de chiens. Jeune, je récupérais tous les chiens que j'aimais, et j'en avais toujours beaucoup autour de moi. Quand ma chienne mettait bas, je les gardais. Ils assuraient ma sécurité et ils étaient gentils avec moi. Je les utilisais pour aller à la chasse. Ils ne revenaient jamais bredouilles. La première fois, ils ont rapporté un chat. Ils ont eu du mal. Le chat, c'était trop technique. On l'a mangé. Ce jour-là, on a capturé un chat à deux. On est allé se cacher dans la brousse. Comme on sait mystiquement qu'on ne peut pas manger un chat sans que quelqu'un vienne le manger aussi, on est allé dans une cabane. On a bien fait la soupe et la sauce. Tout était prêt. A ce moment-là, le propriétaire qui ne venait jamais s'est pointé. Il nous a demandé :
- Qu'est-ce que vous foutez là ?
On lui a dit de venir manger avec nous....
Ils ont pris les parties pieds et les parties internes. La tête, c'est moi. J'avais appris que si on mange sept fois la tête du chat, on était protégé.
A partir de ce jour, j'ai mangé plusieurs têtes de chats. Je partais chasser avec les chiens. On les attrapait par piège. On mettait une bassine d'eau avec de la sardine et du poisson et on voyait le chat qui buvait l'eau et voulait manger le poisson. Alors on l'assommait pour le faire passer à la casserole. On

était trois ou quatre enfants. On en a beaucoup chassé. Souvent on en vendait. Les chats peuplaient notre quartier car les gens les considéraient comme des amis. Les chats qui n'avaient pas de maison, on les chassait car c'était très bon. Les gros chats étaient vendus 4000, 5000 Fcfa. C'était plus cher qu'un agouti. On chassait aussi des rats et des agoutis.
Un jour on était à la chasse avec mes chiens à plus de 10 km de la maison. C'est là que j'ai vu un aigle. Il était énorme. Il a tenté de se poser sur un arbre. Il n'a pas pu tellement il était costaud. Il pouvait nous attraper. Nous on s'est caché. Les chiens se sont enfuis. Il était à quelques mètres de nous. Tout à coup, il s'est envolé vers le ciel. On est allé retrouver mes chiens à la maison et c'est en cours de route qu'on s'est fait poursuivre par un gros serpent qui voulait nous attraper. Il ressemblait à un cobra. C'est là qu'on a su que la forêt était dangereuse et on a arrêté la chasse. Je devais avoir treize ou quatorze ans.

J'ai fait toutes mes études dans ce quartier avant que mon père ne disparaisse. A l'école j'étais toujours parmi les cinq premiers. J'étais le chef de classe à cause de mes bonnes notes de la 3ème à la 6éme année. J'ai eu mon CP brousse au premier passage.

Après la mort de mon père, mon grand frère a fait déménager ma mère dans un autre quartier, mais je revenais toujours dans l'ancien quartier où j'avais mes amis et mon père adoptif. Mon grand frère s'occupait de nous. Mon père adoptif s'est aussi toujours occupé de nous. Il était un de ceux qui était parti du village avec mon père. Il était proche de nous. Il m'aimait bien mais on ne s'entendait pas très bien. Il avait toujours envie de donner des ordres. Quand je suis parti au Mali pour la danse, il n'a pas aimé ma vie. Il m'en voulait. Il aurait voulu que je continue les études. C'est vrai que j'étais un bon élève, mais j'étais découragé par la mort de mon père…

Ma particularité

J'ai un côté mystique. Je l'ai toujours eu. Mystiquement, depuis l'âge de cinq ans, je sentais des visions, des sensations mystiques que mes parents essayaient de soigner. Ca n'a rien changé. Je criai la journée quand ça m'arrivait car ça me faisait peur. Après j'ai arrêté de craindre et j'ai essayé de savoir ce qui me suivait. Je me suis rendu compte qu'il y avait des choses précieuses, un peu miraculeuses qui m'accompagnaient alors j'ai accepté.

Un jour par exemple, quelque chose m'a appelé près de la rivière. Ma mère qui me connaissait m'a donné un peu de lait dans un bol avant que je parte. Je suis allé au bord de la rivière avec le bol et j'ai attendu. C'est là que le poisson est arrivé. Enorme. Il a sauté dans l'eau devant moi, j'ai vu son corps. Il était comme une baleine. Puis il est reparti.

Une autre fois avec un ami, quelqu'un nous a envoyés dans la brousse pour chasser. Nous nous sommes perdus. La nuit, nous avons entendu des cris et des bruits effrayants. Nous nous sommes réfugiés dans une cabane en bois. Toute la nuit des choses ou des personnes ont essayé de rentrer dans la cabane. Nous tenions très fort la porte. Mon ami était en larmes. Je l'ai giflé pour qu'il se reprenne. Nous n'avons pas pu dormir. Le matin ça s'est arrêté. On est vite repartis.

Mon père

Mon père était très proche de moi. Comme je l'ai dit, je travaillais bien à l'école. C'est moi qui tenais ses comptes et ses devis car il ne savait pas lire. Mon père était architecte. Il faisait plusieurs métiers, tout ce qui concernait la construction, des fondations à l'intérieur de la maison (décoration, peinture) et même l'extérieur (jardin).

Avec son travail, il avait réussi à s'acheter un terrain. Il m'avait même emmené le voir. Mais quand il est mort, ma mère n'était pas au courant des démarches à faire, et on n'a plus entendu parler de ce terrain.

Mon père a même construit des maisons en France. Il y est allé deux fois. Là-bas, quand j'étais petit, il a fait six mois. Un jour, la femme de la maison construite en France est venue chez nous avec ses enfants et et son mari. Je me rappelle. J'étais à la porte qui était fermée, j'ai frappé. Quelqu'un est venu m'ouvrir. C'était une blanche, grande de taille. Elle m'a vu, s'est penchée vers moi, elle avait de grands cheveux blonds. Je n'avais jamais vu de femme blanche ! Je me suis enfui dans la maison d'un voisin. Je suis allé au fond de la maison et j'ai dit au voisin qu'il y avait un génie dans ma maison ! On leur a dit que j'étais le fils de Soumaïla. Le lendemain, je suis revenu. On a fait une semaine ensemble.

Mon père travaillait très bien. Un jour, un monsieur lui a demandé de s'occuper de son château dans son village. Dans ce terrain, plusieurs constructions de maisons s'étaient déjà écroulées. Plusieurs propriétaires précédents étaient morts. Le nouveau a demandé à mon père de s'occuper de la construction de sa maison. Mon père a accepté car il avait confiance en lui-même et il a tout repris à zéro. Au bout de deux ans, l'ouvrage était terminé.

La disparition de mon père

Mais mon père est revenu très malade de ce dernier chantier. C'était comme une maladie de souci. Il en est mort. Le propriétaire n'est venu qu'après sa disparition. Il n'avait pas payé et il n'a rien fait pour l'aider à se guérir. Tout ça c'était comme une sorcellerie…

Je me rappelle très bien de cette période. Deux ou trois jours après son retour, j'ai demandé à mon père d'aller danser. J'avais été sélectionné à un concours de danse variétoscope. Comme mon père aimait beaucoup que je danse, et que je faisais partie des enfants les plus forts du village en danse traditionnelle, il a accepté que je parte et que je passe le concours. On a été qualifié en demi-finale. A ce moment-çà, on m'a dit que mon père avait un besoin urgent de moi. Un cousin était venu me chercher dans la ville du concours qui était à 300 km de chez moi. C'était mon futur père adoptif. Comme il était le directeur de l'école où j'étais, j'ai accepté de rentrer. Le président de mon groupe m'a fait raccompagner à la maison. Je ne savais rien, j'étais un enfant. A trente mètres de la maison, j'ai vu qu'il y avait une bâche devant notre maison. Il y avait plein de monde. Une dame m'a salué à l'entrée du carré et m'a dit : « Mes condoléances ».

C'est à l'intérieur de la cour que j'ai entendu les pleurs de ma mère et de mes sœurs. J'étais explosé. C'est là que j'ai cru à la mort. Puis mon père a été enterré. Je ne savais pas comment faire. J'étais un enfant. C'est donc le cousin de mon père qui nous a pris en charge, l'un des quatre qui s'était enfui du village de mon père. C'est à ce monsieur que nous avons été confiés. Il a tout fait pour nous. Mais directement j'ai arrêté les études. Je ne pouvais pas continuer. Pourtant une dame professeur d'Anglais voulait m'aider. Je n'ai pas pu, et je me suis lancé dans la danse.

Chacool (à droite) et deux amis : Abrebre et Madou

Stage à la guinguette de Montbazon en 2013

Stage à Saint-Germain-de-Calberte en 2014

Stage à Mialet en 2016

2

Mon entrée dans la danse

Ma formation

Après le décès de mon père, j'ai commencé à fréquenter les cours de danse, à me former.

J'avais décidé de me professionnaliser.

Ma première formation a été un cours de danse moderne. Le centre où j'allais était connu pour être une formation en danse moderne et traditionnelle. On commençait dans le groupe comme danseur. Après la formation, le chorégraphe choisissait des élèves parmi les meilleurs pour faire des concours. J'étais toujours choisi. J'avais plus de quinze ans au début. J'ai fait plus de cinq ans avec eux. J'ai d'abord fait partie du groupe, puis je suis devenu professeur et chorégraphe. Et à partir de là, j'ai toujours formé des jeunes pour aller compéter.

Nous allions dans des variétoscopes. A l'époque, il y avait plusieurs groupes. Il y avait des présélections et c'était pris en charge par la mairie de chaque commune. J'avais plusieurs groupes. Chaque vainqueur avait une très grosse somme. Nous avons souvent gagné. Sur scène nous étions au maximum seize, huit filles, huit garçons. Il y avait plusieurs équipes, plus d'une centaine. Chaque mairie faisait une présélection et envoyait ses équipes. J'ai participé longtemps. C'est ce qui m'a formé. Avec les problèmes de la Côte d'Ivoire, ça s'est arrêté.

Le problème, ça a été la guerre. Bien avant elle, moi j'étais allé parfois au Mali pour faire mes recherches sur la danse traditionnelle. Je venais souvent en vacances à Sikasso. J'y suis donc resté au moment de la guerre car j'avais trouvé un groupe. J'étais aussi passé dans les groupes de danse africaine, j'avais suivi des cours de danse traditionnelle en Côte d'Ivoire.

Au Mali je me suis formé en traditionnel avec le ballet national du Mali, au palais de la Culture où j'allais chaque matin à pieds, à cinq kilomètres de chez moi. Zani Diabaté en était le directeur et la choriste était Ma Kouyaté. On faisait des présentations. J'ai fait ça presque deux ans. La formation était très vive, c'était des professionnels. J'étais là-bas comme bénévole et c'était dur. Il y avait presque une trentaine de danseurs.

3

Mes années tchéba

Tchéba

Quand j'étais en Côte d'Ivoire, je venais souvent en vacances à Sikasso, mais je n'y restais pas. C'est là-bas que j'ai connu B. L. C'était un danseur professionnel. Il dansait avec son jeune frère. Une fois on s'est trouvé ensemble dans une foire commerciale. C'est là qu'il m'a vu danser. Il m'a demandé de venir danser avec lui. J'ai accepté et on a commencé à danser ensemble. On a décidé de venir faire un album au Mali. On a fait une maquette, et on est venu pour la déclarer pour un album. C'était une programmation sur ordinateur. On l'a créée ensemble puis on a créé des danses sur la musique. C'était un genre un peu mandingue. On dansait ça dans des spectacles. On a commencé en Côte d'Ivoire, on allait dans les villages et on a fini à Sikasso. On jouait dans les boîtes à Sikasso. On était devenus les artistes de Sikasso. Comme ça, un jour il y a eu un concours de danse pour l'arrivée d'une course cycliste. On est arrivés les premiers et les organisateurs ont décidé de continuer avec nous. Sydney nous a demandé de venir danser à Bamako. Il avait un album qui marchait bien. On dansait à tout moment. C'est comme ça, après, qu'on est devenus populaires. D'autres artistes nous ont choisis pour danser avec eux. On a fait une tournée avec la majorité des grands artistes. On était payés, on a gagné de l'argent, on en a profité pour trouver un producteur pour notre album. On a fait le clip.

C'est après ça que B.L . a créé un problème, quand on a trouvé le producteur. Le jour de la prise de photo, B.L. y est allé sans moi. On l'a vu lui seul sur la photo de l'album. Le jour où il est allé au studio, il s'est présenté comme l'acteur principal de l'album. Tout était à son nom, mais j'étais toujours avec lui pour les spectacles…

Le producteur nous a donné un appartement et une moto mais un jour B.L. qui s'occupait des papiers lui a parlé d'une façon qui ne lui a pas plu et il a repris ses biens. Il a voulu casser le contrat. Ma mère était au Mali à ce moment-là. Elle est allée voir ma grand-mère et lui a demandé d'aller voir le monsieur pour lui demander pardon. Le monsieur a accepté. On vivait alors au jour le jour. Après on a pris une maison ensemble. L'album vendu passait de temps en temps. Il y avait des droits d'auteur. Chacun avait sa part. C'était B.L. qui s'en occupait. Je ne sais pas trop où ça passait. On était obligés de se faire confiance. Ca a duré deux ou trois ans comme ça. On faisait tout ensemble. On sortait beaucoup, on allait dans les maquis. Nous les danseurs, on ne payait rien. On venait pour la danse et on passait toute la soirée. Ca nous permettait de vivre. Ca s'est terminé avec l'affaire de la France…

Sans moi

Un jour que je discutais avec des amis devant la porte d'une école de santé où nous avions fait une répétition, une voiture nous a dépassés, puis s'est garée. De la voiture, on a demandé à quelqu'un de venir me chercher. Je me suis approché. Une dame est descendue de la voiture et m'a demandé si j'étais danseur. Par mon style, elle avait su que j'étais danseur. Elle m'a dit qu'elle cherchait quelqu'un pour un contrat en France. J'ai dit oui mais qu'on était deux. Alors j'ai parlé de B.L. On a pris contact puis B.L. m'a dit qu'il s'occupait des contrats, des papiers, de tout. Je lui ai fait confiance. Plusieurs semaines ont passé. Un jour B.L. m'a donné rendez-vous à l'autre bout de Bamako. J'y suis allé tôt le matin. Je me suis assis… J'ai attendu toute la journée. Il n'est pas venu. Quand je suis revenu le soir, je suis passé à côté d'une cour, on m'a dit :

- Chacool, mais tu n'es pas avec B.L. à l'aéroport ?

Tout de suite j'ai compris ! J'ai fait comme si de rien n'était mais j'étais en état de choc. C'était B.L. qui était parti sans moi. Il avait tout organisé pour lui seul.

Je lui avais donné le contact de la dame et je lui faisais confiance, et en fait il avait tout programmé pour me mettre de côté et partir sans moi...

L'accident.

C'est juste après que B.L. est parti que j'ai eu mon accident de moto. Je roulais. Une voiture m'a devancé, c'est ça qui m'a fait tomber. J'ai eu une grosse déchirure au genou. C'était un peu grave. Ma plaie a été cousue. Un an comme ça avant d'être guéri… Personne ne me voyait revenir dans la danse. Mais j'ai tout récupéré…

Pendant cette année, je me suis débrouillé comme j'ai pu. Je trouvais des bonnes volontés. Je partais dans des spectacles mais je ne dansais pas. Je vivais de charité. C'était dans le milieu des artistes. Un peu de sou et un peu de nourriture…

4

Mon parcours

Le concours de la ville

Un jour a été organisé un concours à la ville. Il fallait une chorégraphie pour dix groupes de la commune. Ils n'avaient pas les moyens pour payer plus d'un chorégraphe. Ils m'ont choisi parce qu'ils m'avaient trouvé aux omnisports. J'étais le chorégraphe de la région de Mopti ou je faisais travailler cinquante danseurs et cinquante danseuses. Il fallait trouver le chorégraphe pour une biennale en moderne, traditionnel, et ballet à thème, donc pour trois chorégraphies différentes, deux en percu et une en musique, et ça pour 10 groupes. Parmi ces chorégraphies, il ne fallait aucun pas pareil. Chaque choré durait de six à huit minutes, c'est-à-dire environ 4 heures de chorégraphies différentes... Les danseurs étaient choisis par la commune pour danser au nom de leur secteur. Pour la ville Tabanani, Place Koro, Bozola, artisanat, Missira. C'était organisé par le secteur de la commune de Bozola pour animer une commune et c'était financé. Les répétitions se faisaient dans la grande école de Bozola et étaient réparties en plusieurs étapes. Il fallait que je reçoive chaque groupe trente minutes par jour pendant un mois, du matin jusqu'au soir. On continuait jusqu'à la nuit, avec un programme bien précis et des groupes de huit à dix personnes, des jeunes, garçons et filles de treize à dix-huit ans. Ils n'étaient pas tous des danseurs. Moi, je les motivais toujours. Souvent il fallait que je les forme, c'étaient des enfants du quartier. On répétait tous les jours sauf les dimanches et les jeudis. Chaque chorégraphe était chargé d'une région. Le jour du spectacle, en 2003, 2004, le président ATT était là. On a fait le concours à l'INA (Institut National des Arts). Le ministère de la Culture était invité avec les cadres de la commune et c'était à moi de choisir le jury. J'ai demandé à mes collègues Ali Karembe, Zol, Pape, Bouba, Cheik Oumar. Il fallait classer les groupes du premier au dixième. Tous les groupes étaient récompensés. Tous les groupes étaient fiers de leur chorégraphie. Ils sortaient contents en criant et en riant. De ce fait, le jury a eu du mal à se décider tellement les groupes avaient bien joué. Il a classé finalement en fonction des meilleurs acteurs. Un classement sans reproche. Ensuite, j'ai formé un groupe dans cette commune ; Il a remporté trois fois le maxivacances, une compétition organisée par l'ORTM et qui rassemblait toute la jeunesse autour de la musique malienne. Ca a duré trois ans, et après on nous a disqualifiés. J'ai laissé une forte image là-bas.

J'ai abandonné ce groupe suite à un incident. A la troisième compétition, j'ai envoyé mon groupe jusqu'à la finale. Et ce jour-là, j'étais en déplacement et les jeunes que j'avais formés ont créé une chorégraphie pour la finale. Je suis revenu le jour de la finale dans la salle du Palais de la Culture. Ils ont gagné le premier prix avec le style que je leur avais donné. Ils ont remporté le prix sous mes yeux. Quand ils m'ont vu, ils m'ont porté. Les grands ont confirmé la performance de mon style. On a remporté le prix. On devait aller retirer le prix à l'ORTM, une belle somme, 100 000 fcfa. Je devais retirer la somme. Mais avant que j'arrive, ils l'avaient déjà retirée. Ils ont été acheter des boomas pour leur répétition et moi je n'ai rien eu. J'ai appelé le président, il leur a soumis le problème mais ils ont refusé de me payer. Le président m'a dit d'attendre, mais l'argent était déjà dépensé. Ils avaient acheté un appareil de musique avec. Le président a été obligé de me payer un peu. C'est là que je lui ai dit mon mécontentement, et j'ai donné ma parole d'honneur que ces enfants n'auraient plus jamais un pas de plus de ma part. Après moi, ils n'ont plus rien gagné. Quand ils se sont représentés, ils étaient parmi les derniers... Et je n'ai jamais retravaillé avec eux.

Le style Chacool

La danse est ma passion. Elle m'a guéri de mon corps. Avant j'étais trop calme. Ca m'a donné une façon de vivre. C'est comme une continuité. Petit je dansais forcément. Je suivais mon père et je l'imitais. Très jeune, on a fait un concours pour les enfants. J'ai participé. C'est moi qui l'ai remporté.

Mon style est reconnaissable. Je suis plus spécialisé dans la danse traditionnelle et moderne mais j'ai une manière de changer la couleur de la danse. Je sais apporter la modernité dans les bases. Je prends un pas de base et je le change. Si un pas fait trois mouvements, moi je le fais à quatre, cinq ou six. Ce qui me différencie aussi, c'est que j'ai une danse comique. J'ai souvent une partie qui fait rire dans ma danse. Pour les animations avec les enfants, je mets même un habit de clown.

En tant que professeur et chorégraphe, je donne beaucoup de cours. Mon projet c'est de former les jeunes danseurs à danser dans le style et leur apprendre comment donner à l'autre sa manière de danser et faire de belles chorégraphies.

Personnellement, je participe à des performances, je vais à différents stages. Je n'en finis pas d'apprendre. Actuellement je prépare aussi un projet avec d'autres artistes pour une tournée nationale, avec danse contemporaine, moderne, traditionnelle (six danseurs dont 3 acrobates), chant (une chanteuse qui fait partie des six danseurs et un chanteur également acrobate) et quatre percussionnistes : djembe solo, djembe accompagnateur, doum doum et n'goni.

5

Actuellement

Là s'arrête le témoignage recueilli...

Quand je retourne au Mali, je vois souvent Chacool entouré d'amis artistes à Bamako. Il continue ses activités de danseur, professeur de danse, chorégraphe. Il intervient auprès des élèves dans les écoles, les jardins d'enfants et, comme tout danseur de Bamako, il fait des apparitions dans les mariages du dimanche.

Il participe également à des projets chorégraphiques à Donko Seko, le centre de danse contemporaine dirigé par Kettly Noël et à diverses créations et projets artistiques.

Au cours de sa carrière, il a fait partie en tant que danseur du spectacle « Taama » de Souleymane Koly au forum social mondial de Dakar en 2011, mais il a également dansé dans de nombreux clips video avec Salif Keïta, Oumou Sangare, Djeneba Seck, Djessira Kone, Babani Koné, Mamou Sidibé, Alou Sangaré entre autres. Il a très souvent participé à de multiples festivals et événements en danse contemporaine comme le festival « Dense, l'Afrique danse » à Bamako en 2010 et 2014 et à des variétés comme la « case Sanga 3 » en 2011. En tant que professeur chorégraphe, depuis 2008, il travaille au sein de l'association Daba Modibo Keita – A.DMK et intervient auprès d'un très large public scolaire (de 4 à 16 ans).

Il a remporté deux concours nationaux en 2006 et 2007 .

Il s'est rendu quatre fois en France entre 2010 et 2017 pour assurer des stages à Tours, Saint-Germain de Calberte, et Mialet et il s'est rendu quelques mois en Allemagne en 2018 pour un projet chorégraphique.

… Mais il resterait beaucoup de choses à raconter car, comme en témoignent ses amis, Chacool n'est jamais très longtemps au même endroit, il bouge beaucoup, et ses journées ne sont jamais les mêmes...